Redes privadas virtuales SSL (Web VPN) en routers Cisco

Por Guillermo Marqués

Índice

Características de los VPN SSL (Web VPN)

Algunos de los aspectos importantes que tenemos que tener en cuenta a la hora de elegir una solución VPN apropiada para nuestras necesidades es el impacto que esta va a tener en los usuarios finales de la red y los recursos y esfuerzo que nos va a costar implementarla y mantenerla. Es aquí donde los VPN SSL son fuertes. Los clientes remotos que quieran conectarse no necesitan instalar manualmente ningún tipo de software, esto se debe a que los VPN SSL funcionan a través del navegador web, que por norma general, todos los equipos de los usuarios lo tienen ya instalado y dichos usuarios ya saben usarlo. Los usuarios cuando quieren conectarse al Web VPN solo tienen q introducir en su navegador la dirección del servidor Web VPN (https://...) y accederán a un portal. En él pueden acceder a aplicaciones web pulsando en enlaces que hayamos dejado preparados y activar otro tipo de funcionalidades pulsando sobre botones del portal.

Los VPN SSL funcionan sobre la capa 6 del modelo OSI y usan el protocolo seguro TSL o SSL. IPsec en cambio funciona sobre la capa 3, y esto le permitía un mayor nivel de protección de la información y del paquete IP al completo. Además esto permite unir redes entre si mediantes túneles seguros.

Esta es la estructura de un paquete SSL:

Como se puede ver, el paquete funciona en modo transporte y solo protege los datos enviados por el cliente.

Modos del Web VPN

Podemos configurar nuestro router para que funcione de tres maneras:

Clientless: El cliente no necesita nada más que su navegador web. Este modo sólo nos permite trabajar con aplicaciones web, es decir, el router hace de proxy seguro, y nos permite abrir páginas web de nuestra red local de manera que protege la información que viaja desde y hacia el cliente. Si nuestros clientes trabajan sobre aplicaciones web, este es el método más apropiado. Para llevar a cabo esto, el router nos permite personalizar el portal de inicio de cada cliente o grupo de manera que tengan acceso fácil a los enlaces que cada usuario o grupo puedan necesitar. La forma de uso sería tan sencilla como hacer clic en esos enlaces y se abriría la correspondiente web.

Thin client: Este modo instala de manera desatendida (prácticamente) un plug-in java en nuestro navegador que permite asegurar y enviar el tráfico con destino a un puerto TCP/UDP que especifiquemos. Este modo puede ser útil para acceder a un servidor de correo, por ejemplo. Para poner en funcionamiento este modo el cliente hace clic sobre un botón de su portal que abrirá una ventana donde se le indica que puerto y dirección IP ha de configurar en su aplicación cliente (poníamos el ejemplo del cliente de correo) para acceder a ese servicio. Al cerrar esta ventana nueva, el servicio se corta.

Tunnel mode: Para poder trabajar en este modo el cliente necesita descargar un software cliente a través de su portal de acceso. Esto solo sería necesario la primera vez que se conecta usando este modo. Este cliente nos permite proteger y enviar todo el tráfico que generemos y que se dirija a una dirección IP o rango que especifiquemos en nuestra configuración. Es decir, podríamos hacer que todo el tráfico que fuera destinado a la red privada remota se protegiera y fuera enviado a esta a través del Web VPN, mientras que el resto del tráfico no pasara por él.

Configuración del VPN SSL (Web VPN)

Debido a que esta VPN funciona mediante SSL, necesitamos cumplir una serie de prerrequisitos. La encriptación se lleva a cabo mediante RSA, así que necesitamos unas claves RSA y un certificado para que nuestros clientes nos identifiquen.

1.- Debido a que las claves RSA se nombran con el nombre del *hostname.nombre_dominio*, antes de crearlas debemos cambiar el hostname con el comando *hostname [nombre]* y añadir un nombre de dominio con el comando *ip domain name [nombre]*. También tenemos que especificar unos servidores DNS para nuestro router porque tendrá que resolver nombres de dominio, esto lo hacemos con la línea *ip name-server[IP_dns]*.

2.- Crear nuestro juego de claves RSA con el comando *crypto key generate rsa modulus[tamaño] label[nombre_de_clave] [exportable]*. Añadiendo el campo *modulus* nos permite especificar el tamaño de las claves, y especificando el *label* podemos darle un nombre a las claves diferente a hostname.dominio.

3.- Crear un certificado auto firmado o adquirir uno de un Certificate Authority. En mi libro sobre IPsec hablo de cómo enrolarte y adquirir un certificado de un CA, así que no entraré en detalle aquí. Si queremos que el certificado sea auto firmado, en la sección *enrollement* del trust point que creemos, tenemos que indicar *self-signed*.

4.- Activar AAA y crear una lista de autenticación para los usuarios remotos. Con el comando *aaa new-model* activamos AAA, y con *aaa authentication login [nombre] local* creamos un modo de autenticación. Con el parámetro *local* le estamos indicando que los usuarios están dados de alta en la base de datos local del router. Esta base de datos de usuarios también puede estar alojada en un servidor RADIUS externo.

5.- Configurar el Web VPN. Todos los comandos que hemos introducido hasta el momento los hemos introducido desde el prompt de configuración ((config)#), pero este vamos a hacerlo desde el prompt de administrador. Lo hacemos así porque de esta manera nos deja especificar que trust point (para saber que certificado va a usar) vamos a usar. Si lo activáramos en modo configuración, el router nos crearía automáticamente un trust point, un certificado y unas claves RSA. Posteriormente podríamos cambiar estos datos auto creados por el router por otros creados por nosotros, pero yo prefiero usar desde el principio mi certificado y clave RSA (que así puedo crearla exportable) y evitarme tener que borrar las creadas por el router. Para llevar a cabo esto introducimos el comando *Router#webvpn enable [nombre] [IP_address] [nombre_trustpoint]*. Esto crea un Web VPN y un contexto con el mismo nombre. El contexto podemos eliminarle después y crear uno o varios con el nombre que queramos. Al crear el Web VPN especificamos la IP por la que recibirá las conexiones de los clientes, al hacer esto, el router dejará de usar el servidor https por ese interface (en el caso de que lo tengamos activo). Con el parámetro *trustpoint* le pasamos el nombre del trust point que creamos con anterioridad. Llegado a este punto ya hemos creado el servidor Web VPN, ahora vamos a entrar en la consola de configuración para modificar o añadir algunos aspectos de su configuración. Tecleando en el prompt de configuración *webvpn [nombre]* entramos en el modo de configuración del Web VPN. Debido a que mi interface conectado a internet obtiene dinámicamente la dirección IP, voy a cambiar la dirección estática que especifiqué cuando cree el Web VPN por el nombre del interface, así, si mi interface cambia de IP, el Web VPN seguirá funcionando sin que tenga que cambiar yo a mano este dato. Lo hago con el comando *ip interface [nombre_interface] port [puerto]*. El parámetro *port* no es obligatorio, si no lo especificamos tomará el valor por defecto que es 443. Podemos especificar el algoritmo de encriptación mediante *ssl encryption [tipo]*. Por último lo ponemos en servicio con el comando *inservice*.

6.- Crear los contextos. Los contextos son diferentes marcos de trabajo a los que pueden pertenecer los distintos grupos de usuarios. Aquí podemos configurar diferentes aspectos del portal de inicio que podrían ver los usuarios cuando se conectan al Web VPN, diferentes opciones o diferentes enlaces, diferente apariencia, etc... Para crear un contexto y entrar en su modo de configuración, tecleamos *webvpn context [nombre]* en el prompt de configuración general. Primero voy a centrarme en la parte funcional de los contextos y después entraré en cómo cambiar el aspecto del portal del cliente mediante ellos. Dentro de los contextos vamos a crear tres tipos de recursos que podrán usar los clientes:

Listas de enlaces URL: Son grupos de enlaces a servidores web de nuestra red que contienen aplicaciones o páginas que los usuarios pueden usar. Esto corresponde al modo *clientless*, por lo tanto no requiere de la instalación de nada por parte del cliente. Para agregar una lista de enlaces en nuestro contexto tecleamos dentro de la configuración del contexto *url-list "nombre"*, esto nos lleva al prompt de configuración de la lista de URL´s. Aquí dentro podemos añadir varias direcciones. Con el comando *heading "nombre"* le damos nombre al grupo de enlaces. EL usuario ve cada lista de URL´s como una carpeta que contiene estos enlaces. Con el comando *heading* le damos nombre a la carpeta. En este ejemplo hemos creado una lista de URL´s dándole a *heading* el valor "Prueba" y hemos creado un enlace llamado "Prueba 1"

Una vez dentro del prompt de la lista que hemos creado, añadimos las URL´s con el comando *url-text ["nombre_de_URL"] url-value ["dirección_URL"]*. Este comando podemos repetirlo tantas veces como queramos para ir creando las distintas URL´s dentro de la lista.

Reenvío de puertos (port forwarding): Esta función pertenece al modo *Thin client* y nos permite redirigir el tráfico con destino a un puerto específico hacia una dirección IP de la red privada remota. Por ejemplo, podríamos hacer que el tráfico con puerto destino 22 (SSH) y dirección destino 192.168.3.50, sea enviado a un servidor de la red privada. Con este ejemplo conseguiríamos gestionar dicho servidor mediante SSH. Para configurar esto tenemos que crear una lista de "port-forwarding" dentro de nuestro contexto con el comando *port-forward ["Nombre_grupo_puertos"]*, con este comando además de crear el grupo o lista de puertos, nos lleva a su prompt de configuración, aquí dentro podemos añadir todas las direcciones IP con sus correspondientes puertos destino con el comando *local-port [número_puerto_local] remote-server ["IP_servidor_remoto"] remote-port [número_puerto_remoto] description ["Descripción"]*. Habría que repetir el comando por cada puerto distinto que quisiéramos habilitar. En el parámetro *número_puerto_local* le pasamos un número de puerto de nuestro PC que usará para hacer la redirección, ojo, porque ese puerto ha de estar disponible. Si usamos un puerto por encima del 60000 no tiene por qué haber problema porque suelen estar libres. En el resto de parámetros le pasamos la dirección IP del servidor que se encuentra en la red privada a la que nos conectamos, y el puerto en el que está escuchando esa aplicación a la que queremos acceder. Es obligatorio pasarle una descripción mediante el parámetro *description*. El cliente al acceder a su portal verá algo como lo que se muestra en la siguiente imagen.

Al pulsar el botón se abrirá una ventana donde le indica que puerto y dirección IP ha de configurar en su aplicación cliente para que el *thin client* lo convierta y reenvíe a través de la VPN a su correcto destino. La dirección que se ha de configurar en la aplicación cliente siempre es 127.0.0.1. En el caso de que sea la primera vez que el cliente usa esta opción, necesitará bajarse un plug-in java (el thin client) que se ejecutará en el navegador. Esta es la ventana que puede ver el cliente al pulsar el botón y que informa tanto de la lista de IP´s y puertos con forwarding activo como de la conversión que el thin client realiza. Al cerrar esta ventana el forwarding de puertos se detiene.

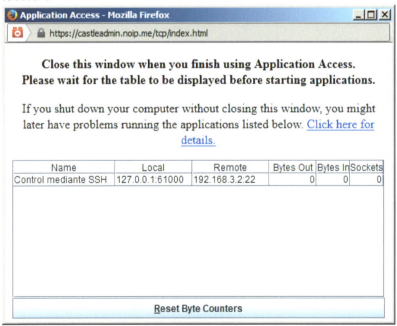

SVC: Esta funcionalidad nos permite usar el cliente *Anny connect* y forma parte del modo túnel (*tunnel mode*). Con esto podríamos desviar todo el tráfico del cliente que especificáramos para que pasara a través del túnel con destino la red privada a la que nos conectamos. Este modo requiere que el cliente se baje e instale un cliente software, y se puede hacer de manera automática desde el portal de acceso. Solo sería necesario descargarse el cliente la primera vez. Para que el cliente pueda descargarse este software desde el portal, necesitamos instalar unos paquetes de instalación en nuestro router, por lo tanto, primero necesitamos descargar estos paquetes a nuestra memoria flash. El cliente de Windows se llama algo parecido a "anyconnect-win-2.5.3055-k9.pkg". Para instalar este paquete en nuestro router necesitamos acceder al prompt de configuración general y teclear *webvpn install svc flash:/webvpn/anyconnect-win-2.5.3055-k9.pkg sequence 1*. Como se puede ver en la línea anterior, yo había copiado el paquete de instalación en la carpeta webvpn de mi memoria flash. Ahora necesitamos activar esta funcionalidad en nuestro router, esto no lo hacemos dentro del contexto, sino dentro de la política de grupo, pero en eso entraremos después. Por ahora basta con saber que en cada contexto tiene que haber al menos una política de grupo, y necesitamos establecer una de ellas como política por defecto. Esto lo hacemos mediante el comando *default-group-policy [nombre_politica_grupo]*.

Dese el lado del cliente, para activar el modo túnel, el cliente tendrá que pulsar un botón en su portal de inicio. Si es la primera vez que usa este servicio, se procedería a la descarga del cliente. El siguiente gráfico muestra la ventana que le permite al cliente iniciar el SVC.

Los usuarios que quieran acceder al VPN SSL han de autenticarse, y dependiendo de a que contexto accedan pueden encontrarse con autenticación solo de usuarios mediante AAA o también con autenticación de máquina mediante un certificado X509. Para especificar qué lista de autenticación AAA (anteriormente creada en el paso 4) se usará para autenticar a los usuarios, tenemos que introducir la línea *aaa authentication list [nombre_lista]* dentro de la configuración del contexto. Una vez hecho esto, a los usuarios se les pedirá que introduzcan su nombre y contraseña para acceder. Pero también tenemos la opción de obligar a estos usuarios a que solo se conecten desde una máquina específica, esto lo hacemos exigiendo un certificado de autenticación previo a la autenticación de usuarios. Para eso necesitamos, primero especificar sobre que CA van a autenticarse los clientes, esto lo hacemos añadiendo la línea *ca trustpoint [nombre_CA]*. Hecho esto, tenemos que requerir la autenticación mediante certificado para ese contexto añadiendo *authentication certificate aaa* a la configuración del contexto. De esta manera no podrán acceder personas que no posean un certificado emitido por el CA que especifiquemos y que además posean un usuario en nuestra base de datos.

Preparado todo esto, necesitamos vincular de alguna manera los diferentes contextos a los grupos de usuarios que se conectan al VPN SSL, es decir, que cuando se conecte un usuario del departamento de informática acceda a su contexto personalizado, y cuando lo haga uno de ventas, vaya al suyo. En esto influyen dos líneas de configuración. La primera es *gateway [nombre_webvpn] [virtual-host | dominio] [Vhost | nombre_dominio]*. Este comando es obligatorio, con el elegimos que servidor Web VPN será por el que se conecte el cliente a este contexto. Si solo escribimos el comando especificando el servidor Web VPN, todas las conexiones entraran a este contexto, en el caso que queramos que otros posibles contextos reciban conexiones, necesitamos diferenciarles. Una forma es usando el parámetro *virtual-host*, este parámetro recoge la dirección http que el cliente introduce en el navegador para conectarse al SSL VPN. Si tenemos la posibilidad de tener dos hosts en nuestro dominio, podríamos hacer que los dos apuntaran a la dirección IP de nuestro servidor Web VPN. El navegador del cliente al lanzar la request http al servidor Web VPN, le pasa en la cabecera http el nombre del host a la que va dirigida, y es así como el router distingue a qué v-host va dirigida la petición y, por lo tanto, aplica a la conexión un contexto u otro.

El siguiente ejemplo representa el caso anteriormente explicado:

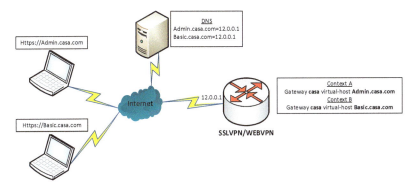

Dos clientes diferentes se conectan al Web VPN usando diferentes direcciones URL (Hosts), esto hace que uno entre al contexto A y el otro al B.

La otra manera de decantar los usuarios hacia un contexto u otro es usando un campo específico de los certificados que los usuarios habrían de tener para conectarse al Web VPN. Para ello primero tendríamos que crear un *certificate map* por cada contexto, y hacer que casara con un campo del certificado de los clientes, por ejemplo con el campo OU del nombre. Después enlazamos cada *certificate map* con su correspondiente contexto con el comando *match-certificate [nombre_mapa]*. De esa manera los clientes que en el campo OU de su certificado tuvieran el nombre "finanzas", por ejemplo, irían dirigidos a un contexto mientras que los que tuvieran un certificado con un valor OU igual a "ventas" irían dirigidos a otro. Si su certificado no casase con ningún contexto, el cliente no podría acceder al servicio. Como dijimos antes, el comando *Gateway* es obligatorio por cada contexto, así que en este caso lo usaríamos con el parámetro *domain,* en lugar de *virtual-host*. En el parámetro *domain* le pasamos una etiqueta que les diferencie, podría ser el nombre del dominio de cada usuario, por ejemplo en un contexto sería *gateway casa domain Admin* y en otro podría ser *gateway casa domain Basico*.

Por último podemos especificar el número máximo de usuarios mediante *max-users [número]*. Para poner el contexto en servicio tecleamos *inservice*.

Políticas de grupo: Hasta ahora hemos definido mediante los contextos como podrían ser los portales de los diferentes grupos de usuarios, con las políticas escogemos, de entre todas esas posibles opciones que hemos creado, cuales se mostraran en el portal de un usuario. Podríamos elegir crear un solo grupo, haciendo que todos los usuarios viesen en su portal todos los enlaces URL creados en el contexto y todas las listas de reenvío de puertos, o crear diferentes grupos y hacer que algunos usuarios pertenecientes a ese contexto viesen algunos de los recursos (Listas-URL y Port-forwarding) creados y otros usuarios otros recursos distintos. Para poder conseguir que diferentes usuarios accedan a diferentes políticas de grupo, necesitamos utilizar un servidor RADIUS para la autenticación de los usuarios. El servidor RADIUS al devolver las credenciales del usuario, también indica al router que política de grupo ha de usar. En el caso de no tener un servidor RADIUS a disposición, necesitamos usar el comando *default-group-policy [nombre_politica_grupo]* para que todos los usuarios entren por al menos una política de grupo, de lo contrario no se activará ninguna política y los usuarios no podrán ver ningún recurso en su portal de inicio.

Para crear nuestras políticas de grupo dentro de nuestros contextos tenemos que teclear *policy group [nombre_política]* dentro del prompt de configuración de nuestro contexto, esto a su vez nos lleva al prompt de configuración de la política de grupo. Dentro de ella tenemos que añadir las listas URL que queramos que los usuarios de esta política vean usando el comando *url-list ["nombre_lista"]* y también añadir los grupos de puertos con el comando *port-forward ["nombre_grupo_puertos"]*.

Por último, si queremos activar la función túnel para nuestros usuarios, tenemos que hacerlo desde el prompt de configuración de la política de grupo. Para ello, lo primero es activarlo tecleando *functions svc-enabled*, una vez hecho esto tenemos que especificar una serie de datos usando los siguientes comandos:

svc address-pool ["nombre_pool"] netmask [mascara_red]: Escogemos el pool de IP´s del cual los clientes remotos adquirirán su IP.

svc keepalive [segs]: Activamos el keepalive y se envía cada un número de segundos que especifiquemos .

svc split include [direcciónIP_red][mascara_red]: Especificamos la dirección de red para la cual los usuarios remotos usarán el túnel VPN. Es decir, todo el tráfico con destino esa red, será enviado a través del túnel seguro con dirección la red remota.

svc dns-server primary [IP_dns]: Indicamos que servidor DNS usarán los usuarios remotos.

svc dns-server secondary [IP_dns]: Indicamos que servidor DNS alternativo usarán los usuarios remotos.

La configuración del router tendría este aspecto:

Building configuration...

version 15.1
service timestamps debug datetime msec
service timestamps log datetime msec
service password-encryption
!
hostname Santander
!
enable password 7 120917181F0A1F102F39
!
Activamos AAA y creamos la lista local de autenticación
aaa new-model
!
!

aaa authentication login auten_list local
!
aaa session-id common
!
Adquirimos nuestro certificado de un CA, así que creamos un trust point para autenticarnos con él, enrolarnos y adquirir el certificado.
crypto pki trustpoint cacastleb
 enrollment url http://192.168.3.1:80
 serial-number
 fqdn bilbao
 ip-address none
 password 7 095C5C06140404060E1E
 subject-name cn=bilbao
 revocation-check crl
 rsakeypair santander_key
!
Este es el mapa de certificado que usamos para casar el campo OU de los certificados de cliente que han de usar el contexto "básico"
crypto pki certificate map basico_map 20
Entrarán todos los certificados que su grupo sea distinto a "admin"
 subject-name nc ou = admin
!
Este es el mapa de certificado que usamos para los usuarios del contexto "Admin"
crypto pki certificate map admin_map 10
 subject-name co ou = admin
 issuer-name co cn = cacastle
!
Este es nuestro certificado X509v3
crypto pki certificate chain cacastleb
 certificate 05
  30820214 3082017D A0030201 02020105 300D0609 2A864886 F70D0101 04050030
  13311130 0F060355 04031308 63616361 73746C65 301E170D 31343131 31343232
  30303539 5A170D31 35313131 34323230 3035395A 303C310F 300D0603 55040313
  0662696C 62616F31 29301206 03550405 130B4643 5A313330 38313039 53301306
  092A8648 86F70D01 09021606 62696C62 616F3081 9F300D06 092A8648 86F70D01
  01010500 03818D00 30818902 818100E3 A73F1779 2597CCCC BC76FD48 22365135
  02463E34 B9CE328F ACF491AC E55BA6FC D1A16E08 FDF07D87 63846AB0 3237CF22
  FBEFBD3A F127D1F5 1C08D7FA D18169EB A1DD69B9 2354EBC2 8F2F4D2F
  49D1EDBB
  1C2F307E 87D27951 766C1ABF 7C8C9096 12FF5D2B 777B8E1C 7B11DD88 3B2705CB

7A5E3A2C 39453E78 AD4F022A AFF9F902 03010001 A34F304D 300B0603 551D0F04
04030205 A0301F06 03551D23 04183016 801424E3 26C0D30C 4E7101C6 2EC103CD
DD4D88BC EE74301D 0603551D 0E041604 1438E334 82256C23 6E850DFA BDA7E1C2
68F4AF9E 74300D06 092A8648 86F70D01 01040500 03818100 AA1E0B9C 5C2E5861
E5204CCF 83242FCF 188DB09D 23AD5B83 A87B2F9A 340B142F 305F0004 8B817EB3
606ACA9B 09F5B2FF E2929FE9 EB086C34 CE565B26 5EF2EF46 2E679854 8E2685FA
F37D380A 107AAC63 E5A1295D E850F7FA 7AD98FCF 344C1F39 4345B51C 80BEB51D
4928C137 B926EE40 2B0F5B88 379C7C9F 257FD002 B23E7DA0
 Quit
Este es el certificado del CA
certificate ca 01
308201FF 30820168 A0030201 02020101 300D0609 2A864886 F70D0101 04050030
13311130 0F060355 04031308 63616361 73746C65 301E170D 31343131 31313232
30353337 5A170D31 37313131 30323230 3533375A 30133111 300F0603 55040313
08636163 6173746C 6530819F 300D0609 2A864886 F70D0101 01050003 818D0030
81890281 8100B47F DEA4D0A6 8A4D634C 2E91EEF3 AC42E02A 78E2251D 5944C25B
5272DDE2 CFEF0F4E 3BB9862F 6E57E214 235CCFA7 032D47E9 0D7126BC CC3D1BF4
205EEFDC 459DCF5B 4792429D 306BDD7A FC5B0F30 01AF72A1 F700942B 59AF88AD
C22A4FE0 86910690 5B79DC8D 5D17BB22 874B2469 2131BD91 EABEBD5B
96BAC4A0
057043E7 3BE90203 010001A3 63306130 0F060355 1D130101 FF040530 030101FF
300E0603 551D0F01 01FF0404 03020186 301F0603 551D2304 18301680 1424E326
C0D30C4E 7101C62E C103CDDD 4D88BCEE 74301D06 03551D0E 04160414 24E326C0
D30C4E71 01C62EC1 03CDDD4D 88BCEE74 300D0609 2A864886 F70D0101 04050003
81810001 684E83E7 490F606D 3BB7BB14 102E87BE 82A41E17 48697057 822C15D9
1339B47D 104CF78E 45FE943F 7C74E927 960D7845 50CF4792 EE1F1AE7 49612DCC
D48A617D D364CC92 720A6C31 35A6E1DC 03261981 4CABC6B3 402B0785
052DB91A
338D7503 226D9516 BAB2AC64 AF6AB455 BA67AF16 487EE5C0 8862DA6D
C48DAF77 AF6F17
 quit
dot11 syslog
ip source-route
!
ip cef

Damos nombre a nuestro dominio y añadimos dos servidores DNS para el uso de
nuestro router.
ip domain name cybercastle.noip.me
ip name-server 80.58.61.250

```
ip name-server 80.58.61.254
!
```
Activamos VPDN porque nuestro router usa PPPoE para acceder a internet.
```
vpdn enable
!
vpdn-group internet
 request-dialin
  protocol l2tp
!
license udi pid CISCO1841 sn FCZ1308109S
```
Creamos nuestra base de datos local de usuarios.
```
username guiller privilege 15 password 7 051B14002C4D5D1D1C17
username Santander password 7 094F411C17111200
!
redundancy
!
!
ip ssh version 2
!
interface FastEthernet0/0
 bandwidth 600
 no ip address
 duplex auto
 speed auto
 pppoe enable group global
 pppoe-client dial-pool-number 1
 no cdp enable
!
interface FastEthernet0/1
 ip address 192.168.3.1 255.255.255.0
 ip nat inside
 ip virtual-reassembly in
 ip tcp adjust-mss 1412
 duplex auto
 speed auto
!
interface Dialer1
 bandwidth 600
ip address negotiated
 ip nat outside
```

```
ip virtual-reassembly in
encapsulation ppp
dialer pool 1
dialer-group 1
ppp chap hostname usuario@dominio
ppp chap password 7 010303145E1B0E002F49
no cdp enable
!
```
Estas son las pool de IP´s para los usuarios remotos
```
ip local pool remo_pool 192.168.4.1 192.168.4.10
ip local pool admin_pool 192.168.5.1 192.168.5.10
ip forward-protocol nd
no ip http secure-server
!
ip nat inside source list 101 interface Dialer1 overload
ip route 0.0.0.0 0.0.0.0 Dialer1
!
access-list 101 remark internet
access-list 101 deny   ip 192.168.0.0 0.0.7.255 192.168.0.0 0.0.15.255
access-list 101 permit ip 192.168.0.0 0.0.7.255 any
no cdp run
!
```
Adquirimos fecha y hora de un servidor de hora de internet
```
ntp server 46.17.142.10
ntp server 83.170.75.28
!
```
Creamos nuestro servidor Web VPN
webvpn gateway sslvpn
Nuestro VPN solo aceptará conexiones por su interface dialer 1
 ip interface Dialer1 port 443
Escogemos la encriptación
 ssl encryption aes-sha1
Especificamos de qué trust point adquirimos nuestro certificado
 ssl trustpoint cacastleb
Puesta en servicio
 inservice
 !

Aquí instalamos los paquetes para el cliente anyconnect de Windows y Mac
webvpn install svc flash:/webvpn/anyconnect-win-2.5.3055-k9.pkg sequence 1

!

webvpn install svc flash:/webvpn/anyconnect-macosx-i386-2.4.0202-k9.pkg sequence 2

!

Creamos el contexto "libro"

webvpn context libro

ssl authenticate verify all

!

Esta es la lista de URL´s llamada "libro"

url-list "libro"

  heading "Prueba"

En ella creamos un enlace que le llamamos "Prueba 1". Este enlace te enviaría a la URL especificada en la línea.

  url-text "Prueba 1" url-value "http://192.168.3.2"

!

!

Creamos una lista con tres puertos para hacer redirecciones de tráfico a aplicaciones.

port-forward "Puertos del Libro"

  local-port 61000 remote-server "192.168.3.2" remote-port 22 description "Control mediante SSH"

  local-port 62000 remote-server "192.168.3.3" remote-port 22 description "Asterisk"

  local-port 63000 remote-server "192.168.3.55" remote-port 22 description "Asterisk2"

!

Creamos una única política de grupo y añadimos en ella la lista de URL´s y puertos.

policy group pol_libro

  url-list "libro"

  port-forward "Puertos del Libro"

Especificamos la política por defecto. Como no usamos RADIUS, aquí entrarán todos los usuarios que se conecten.

  default-group-policy pol_libro

Esta es la lista de autenticación para usuarios mediante AAA

  aaa authentication list auten_list

A este contexto los usuarios entran introduciendo en su navegador la URL: https://castleadmin.noip.me

  gateway sslvpn virtual-host castleadmin.noip.me

  max-users 10

Ponemos en servicio el contexto.

  inservice

!

```
!
```
Contexto "Admin"
```
webvpn context admin
ssl authenticate verify all
 !
 url-list "home"
  heading "Servidores"
  url-text "Home Page" url-value "http://192.168.3.2"
  url-text "Asterisk" url-value "http://192.168.3.3"
 !
 port-forward "port_admin"
  local-port 61000 remote-server "192.168.3.2" remote-port 22 description "SSH
CCastleServer"
  local-port 62000 remote-server "192.168.3.3" remote-port 22 description "SSH
Asterisk"
 !
 policy group pol_admin
  url-list "home"
  port-forward "port_admin"
```
Activamos y configuramos el SVC para usar annyconect
```
  functions svc-enabled
  svc address-pool "admin_pool" netmask 255.255.255.0
  svc keepalive 10
  svc split include 192.168.0.0 255.255.240.0
  svc dns-server primary 80.58.61.250
  svc dns-server secondary 80.58.61.254
  default-group-policy pol_admin
  aaa authentication list auten_list
```
Para usar este contexto, los usuarios necesitan tener obligatoriamente un certificado emitido por el CA "cacastleb". Mediante el campo OU de los certificados de los clientes les dirigimos hacia un contexto u otro. En este caso los certificados que casen con el mapa de certificado "admin_map". Este certificado da por válida la igualdad cuando el campo OU del certificado es igual a "admin".

Para distinguir de gateway entre los otros contextos, le añadimos el parámetro domain "admin".
```
gateway sslvpn domain admin
 authentication certificate aaa
 match-certificate admin_map
 ca trustpoint cacastleb
 inservice
```

```
!
!
```
Contexto "basico"
```
webvpn context basico
ssl authenticate verify all
 !
 policy group pol_basico
   functions svc-enabled
   svc address-pool "remo_pool" netmask 255.255.255.0
   svc split include 192.168.3.0 255.255.255.252
   svc dns-server primary 80.58.61.250
   svc dns-server secondary 80.58.61.254
 default-group-policy pol_basico
 aaa authentication list auten_list
```
En este caso solo accederán los usuarios que en su certificado el campo OU sea distinto a "admin". Al hacer la llamada al Gateway le pasamos el parámetro domain "básico" para diferenciarlo del gateway del contexto admin.
```
 gateway sslvpn domain basico
 max-users 10
 authentication certificate aaa
 match-certificate basico_map
 ca trustpoint cacastleb
 inservice
!
end
```

Cambiando el aspecto del portal de inicio

En esta sección vamos a centrarnos en como personalizar el aspecto de la página web a la que accede el usuario remoto para conectarse a los servicios que ofrece el Web VPN (su portal de inicio).

Nada más teclear la URL en su navegador, al usuario le aparece la venta donde se le requiere su nombre de usuario y contraseña.

Como se puede ver en el gráfico anterior, he cambiado el título superior, en él se puede leer "Libro". Este título se cambia con la línea *title ["titulo"]* dentro de la configuración del contexto. Al lado del título se puede ver el logotipo de Cisco. Para cambiar ese icono, primeramente tenemos que copiar en nuestra flash la imagen que queramos que aparezca, y después llamarla con el comando *logo file [flash:/ruta/foto.jpg]*. Puede verse el mensaje de logueo "Mensaje de logueo". Esto se cambia con *login-message ["Mensaje"]*. A la derecha del mensaje de logueo puede verse una imagen, esta se cambia con *login-photo file [flash:/ruta/foto.jpg]*.

En la siguiente imagen he cambiado los colores de la pantalla anterior.

Las barras de color azul se cambian con *color [valor_HEX_RGB]*. El parámetro que le pasamos es un color en formato RGB HEX. La parte roja se cambia con *secondary-color [valor_HEX_RGB]*. Podemos cambiar el color del texto (mensaje de logueo, títulos de las cajas de texto...) mediante *text-color [valor_HEX_RGB]*, el color del texto del título se cambia con *title-color [valor_HEX_RGB]*. Por último podemos cambiar el color del texto secundario mediante *secondary-text-color [valor_HEX_RGB]*. En la siguiente imagen se puede ver como he cambiado todos los colores del portal.

El texto secundario es el que se encuentra dentro de las ventanas "Bookmasrks" y "Aplication Access".

Autenticación mediante certificados

Como hemos visto antes, podemos usar certificados de identidad X509v3 para autenticar los equipos de nuestros usuarios en nuestra red. Para ello necesitamos que los navegadores de nuestros clientes adquieran un certificado, y eso es lo que vamos a desarrollar ahora, como adquirir un certificado de nuestro CA Cisco IOS.

Para empezar necesitamos conseguir un cliente SCEP para nuestro navegador. A día de hoy solo he encontrado uno, y funciona sobre FireFox versión 24.0. Como esta es una versión antigua, me he bajado esa versión pero portable para que no se actualice al conectar el equipo a Internet. Una vez conseguido el FireFox hay q descargarse el add-on "Key Manager". Este add-on nos permite enrolarnos en nuestro CA Cisco y adquirir un certificado de él.

Primero vamos a adquirir y aceptar el certificado del CA. Para ello nos dirigimos al menú desplegable "Cert Mgmt" y hacemos clic sobre "SCEP Client Wizard". En el menú desplegable que aparece en la nueva ventana, seleccionamos "Get CA Cert" y pulsamos el botón "Start Get CA Request"

En la siguiente ventana escribimos la dirección de enrolamiento de nuestro CA, que en el caso de ser un router Cisco seria http://IP_router/cgi-bin/pkiclient.exe, y pulsamos "Send Request to CA/RA".

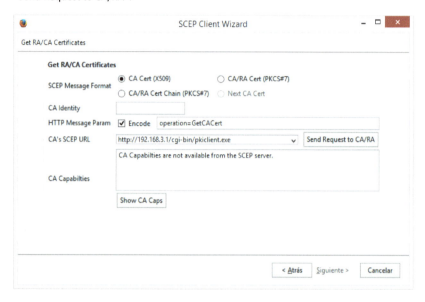

Una vez acabado esto, ya tenemos instalado el certificado del CA en nuestro navegador.

Ahora vamos a solicitar nuestro certificado de identidad. Para iniciar el proceso nos dirigimos al menú desplegable "Cert Mgmt" y hacemos clic sobre "Generate PKCS#10 Csr Wizard", Aquí vamos a crear el paquete pkcs#10 para hacer la solicitud de certificado a nuestro CA mediante la consola.

En la ventana que se despliega elegimos la opción que nos permite crear un certificado

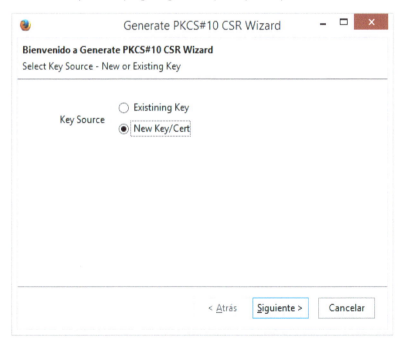

Al pulsar "siguiente" aparece la siguiente ventana, en la que tendremos que hacer clic sobre el botón "Create New Cert"

Al pinchar sobre el botón aparece un desplegable en el que elegiremos "Create Self-Signed Cert (simple)". Esto nos dará paso a una ventana de dialogo que nos permite rellenar los diferentes campos del certificado. Si pulsamos el botón "Format Subjet" podemos introducir el resto de los campos del nombre del certificado.

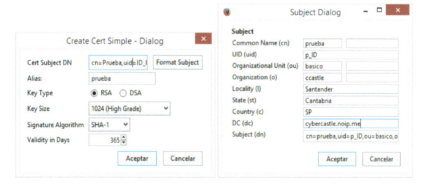

En el campo DC introduciremos el nombre del dominio que hayamos declarado en la configuración general de nuestro router. ¡Atención!, porque en el campo "country" solo podemos poner dos letras.

Tras aceptar, en la siguiente ventana elegimos el certificado que acabamos de crear en el menu desplegable y pulsamos siguiente.

En la siguiente ventana nos permite crear un password que será requerido para generar el certificado. Yo voy a omitirlo y pulso siguiente. En la siguiente ventana nos aparece la solicitud de petición PKCS#10 en una ventana de texto. Tendremos que seleccionarlo todo y copiar el texto en el porta papeles.

Con la petición en el porta papeles, nos dirigimos a la consola de nuestro servidor CA y tecleamos *crypto pki server [nombre_ca] request pkcs10 terminal*. Esto nos permite pegar la petición PKCS#10.

% Enter Base64 encoded or PEM formatted PKCS10 enrollment request.
% End with a blank line or "quit" on a line by itself.

-----BEGIN NEW CERTIFICATE REQUEST-----
MIIB5TCCAU4CAQAwgaQxIzAhBgoJkiaJk/IsZAEZFhNjeWJlcmNhc7RsZS5ub2lw
Lm1lMQswCQYDVQQGEwJTUDESMBAGA1UECBMJQ2FudGFicmlhMRIwEAYDVQQHEwl
T
YW50YW5kZXIxEDAOBgNVBAoTB2NjYXN0bGUxDzANBgNVBAsTBmJhc2ljbjbzEUMBIG
CgmSJomT8ixkAQEMBHBfSUQxDzANBgNVBAMTBnBydWViYTCBnzANBgkqhkiG9w0B
AQEFAAOBjQAwgYkCgYEAtzR4W8jskZ4K0GBper3HWkCuEfCR017OTNBzRwkoRLmv
Up8rtvtS76/8xDwYfBjWyFzHi6Bb4hoKMxgqV0w0Lc2HkLu3MYZGaJD6Re210OeR
ZPd8X0LK/fP11vT7ybKQIOrBPKgGb2VsaaFVaVQ789zY4ParnCaWWpFjftbzGzMC
AwEAAaAAMA0GCSqGSIb3DQEBBQUAA4GBAIhQKoNAwQrVwd4Djc4jghFa2qsxVlEO
XUv2UEuNekFndIAuFS55ezOqDrIYqh53DuRn4H1TmCjB9XK+cTCGVIL7Hvo6DRqI
yJZPMB2vvc/pqCaM9NVzEYIU5Ptzu0n2xfFw3hzyjhrHmowQkMcFvtgdzqdMPNs+
/ZzWyojY1BrJ
-----END NEW CERTIFICATE REQUEST-----

% Enrollment request pending, reqId=1

Ahora tenemos que aceptar la petición para que genere el certificado. Este certificado lo devolverá por la pantalla del terminal, y a su vez, si tenemos la base de datos del CA configurada en modo completo, creará una copia en ella. El comando *crypto pki server [nombre_ca] grant [numero_req]* acepta esta petición y genera el certificado.

% Granted certificate:

-----BEGIN CERTIFICATE-----
MIICcDCCAdmgAwIBAgIBEDANBgkqhkiG9w0BAQQFADATMREwDwYDVQQDEwhjYWN
h
c3RsZTAeFw0xNTAzMDcwMDAyMjNaFw0xNjAzMDYwMDAyMjNaMIGkMSMwIQYKCZI
m
iZPyLGQBGRYTY3liZXJjYXN0bGUubm9pcC5tZTELMAkGA1UEBhMCU1AxEjAQBgNV
BAgTCUNhbnRhYnJpYTESMBAGA1UEBxMJU2FudGFuZGVyMRAwDgYDVQQKEwdjY2Fz
dGxlMQ8wDQYDVQQLEwZiYXNpY24Y28xFDASBgoJkiaJk/IsZAEBDARwX0lEMQ8wDQYD
VQQDEwZwcnVlYmEwgZ8wDQYJKoZIhvcNAQEBBQADgY0AMIGJAoGBALc0eFvI7JGe
CtBgaXq9x1pArhHwkdNezkzQc0cJKES5r1KfK7b7Uu+v/MQ8GHwY1shcx4ugW+la
CjMYKldMNC3Nh5C7tzGGRmiQ+kXttdDnkWT3fF9Cyv3z9db0+8mykCDqwTyoBm9l
bGmhVWlUO/Pc2OD2q5wmllqRY37W8xszAgMBAAGjQjBAMB8GA1UdIwQYMBaAFCTj
JsDTDE5xAcYuwQPN3U2IvO50MB0GA1UdDgQWBBQSiF8rI9Cp0+PYh4RxO60Ut558
pTANBgkqhkiG9w0BAQQFAAOBgQBjdatQRM3NNmWJAG2QltcVrElocamVhniE4Coa
FupBfJ7+/IRK1gAvMZd9zE4iRQZX8uW7O/1zdj73RLT9coe4vXGqQDDPjoR1G5Ug

tSGlHTReNxvIyK5/mHLlivPZQftqj5BGr0tx4SbFSZtKKGN7U31jkMxbQiBm5nGR
KVwWrw==
-----END CERTIFICATE-----

El cliente SCEP del FireFox no nos permite pegar el certificado adquirido por la consola, así que vamos a extraerlo de la base de datos del router mediante TFTP. Para saber cuál de todos los certificados es el nuestro, tenemos que fijarnos en los ficheros .cnm. El router crea dos archivos por certificado nombrándoles con el número de serie (1,2,3...) y con la extensión crt para el certificado y la extensión cnm para el archivo de información. Editándole con el comando *more* podemos ver su contenido y ver para quien fue emitido. Una vez localizado el certificado solo tenemos que copiarle a nuestro PC mediante el cliente TFTP.

Una vez con el certificado en nuestro poder, nos dirigimos de nuevo a nuestro navegador FireFox y dentro en la pestaña "Key Manager", nos dirigimos a la pestaña "Your Keys". En ella pulsamos el botón "Import Cert" y en el browser buscamos y elegimos el certificado que nos hemos descargado del router.

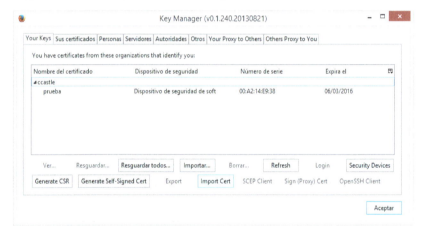

Ya tenemos nuestro certificado instalado y listo para funcionar, pero si ahora queremos usarlo en otro navegador diferente o más actual necesitamos exportarlo junto a las claves RSA, el certificado que hemos importado no las contiene. Para ello lo seleccionamos y pulsamos el botón "Export" de la misma ventana. Para conseguir nuestra meta tenemos que elegir que lo exporte en formato PKCS#12

Nos exigirá una clave que no has de olvidar, porque la necesitarás cuando quieras importarlo en el otro navegador.

Web VPN con RADIUS

Como ya sabemos, para tener la opción de usar distintas políticas de grupo dentro de un contexto necesitamos apoyarnos en un servidor RADIUS. El servidor RADIUS autentica a los usuarios y además devuelve al NAS (el router en este caso) el "policy group" al que pertenece el usuario. Este parámetro que devuelve al router se llama *"webvpn:user-vpn-group=[nombre_policy_group]"*.

Para poder usar un servidor RADIUS externo, primero tenemos que agregarle a la configuración del router junto a sus credenciales de logueo a él, para ello tecleamos *radius-server host [IP_RADIUS] auth-port 1812 key 0 [password]* en el prompt de configuración general. El password que le pasamos como parámetro es el mismo que hemos creado en la configuración del servidor RADIUS para este router.

El siguiente paso es indicarle a AAA que autentique a los usuarios por el método RADIUS. Esto utiliza el servidor RADIUS que hemos añadido a la configuración previamente. Para realizar esto modificamos la línea *aaa authentication login auten_list group radius local*. Le he añadido el método *group radius*, esto lo que le indica a AAA es que primero autenticará a los usuarios mediante RADIUS, en caso de fallar la comunicación con el servidor, intentará el segundo método que en este caso es *local*, este último método usa la base de datos local del router para la autenticación de los usuarios.

Llegados a este punto tenemos el router preparado. Ahora nos falta configurar el servidor RADIUS. Yo he usado uno de libre distribución que funciona sobre Linux que se llama FreeRADIUS. Para configurarle vamos a modificar dos archivos: users y clients.conf. En el archivo clients.conf tenemos que añadir a nuestro router. Esto lo hacemos añadiendo:

```
client [IP_router] {
        secret = [pasword]
        shortname = [apodo]
        nastype = cisco
}
```

En el archivo users tenemos que añadir los usuarios a autenticar. Para añadir los usuarios con el propósito de que sean usados para autenticar clientes del SSL VPN, tendríamos que añadir algo como esto:

```
#Usuario X
[nombre_usuario] Cleartext-Password := [password]
    cisco-avpair = "webvpn:user-vpn-group=[nombre_policy_group]"
```

Para la práctica final, he configurado un Cisco 1841 como SSL VPN. Dentro de su configuración he creado distintos contextos. A unos de ellos se accede mediante un certificado obligatorio específico y a otro mediante un virtual host específico. Para finalizar, en el contexto de "administradores" he creado dos políticas de grupo, a una de ellas accederá solo el usuario "admin" (que además necesitará su certificado de administrador) y al resto cualquiera que contenga el certificado de administrador requerido para poder acceder a ese contexto. El siguiente gráfico muestra el mapa de la red:

Esta sería la configuración del router SSL VPN:

Building configuration...

Current configuration : 14740 bytes
!
! Last configuration change at 17:54:00 UTC Mon Mar 9 2015 by guiller
! NVRAM config last updated at 09:54:58 UTC Thu Mar 5 2015 by guiller
! NVRAM config last updated at 09:54:58 UTC Thu Mar 5 2015 by guiller
version 15.1
service timestamps debug datetime msec
service timestamps log datetime msec
service password-encryption
!
hostname Santander
!
boot-start-marker
boot-end-marker
!
enable password 7 120917181F0A1F102F39
!
aaa new-model
!
!
aaa authentication login auten_list group radius local
!
aaa session-id common
!
crypto pki trustpoint cacastleb
 enrollment url http://192.168.3.1:80
 serial-number
 fqdn bilbao
 ip-address none
 password 7 095C5C06140404060E1E
 subject-name cn=bilbao
 revocation-check crl
 rsakeypair santander_key
!

```
crypto pki certificate map basico_map 20
 subject-name nc ou = admin
!
crypto pki certificate map admin_map 10
 subject-name co ou = admin
 issuer-name co cn = cacastle
!
crypto pki certificate chain cacastleb
 certificate 05
  30820214 3082017D A0030201 02020105 300D0609 2A864886 F70D0101 04050030
  13311130 0F060355 04031308 63616361 73746C65 301E170D 31343131 31343232
  30303539 5A170D31 35313131 34323230 3035395A 303C310F 300D0603 55040313
  0662696C 62616F31 29301206 03550405 130B4643 5A313330 38313039 53301306
  092A8648 86F70D01 09021606 62696C62 616F3081 9F300D06 092A8648 86F70D01
  01010500 03818D00 30818902 818100E3 A73F1779 2597CCCC BC76FD48 22365135
  02463E34 B9CE328F ACF491AC E55BA6FC D1A16E08 FDF07D87 63846AB0 3237CF22
  FBEFBD3A F127D1F5 1C08D7FA D18169EB A1DD69B9 2354EBC2 8F2F4D2F
49D1EDBB
  1C2F307E 87D27951 766C1ABF 7C8C9096 12FF5D2B 777B8E1C 7B11DD88 3B2705CB
  7A5E3A2C 39453E78 AD4F022A AFF9F902 03010001 A34F304D 300B0603 551D0F04
  04030205 A0301F06 03551D23 04183016 801424E3 26C0D30C 4E7101C6 2EC103CD
  DD4D88BC EE74301D 0603551D 0E041604 1438E334 82256C23 6E850DFA BDA7E1C2
  68F4AF9E 74300D06 092A8648 86F70D01 01040500 03818100 AA1E0B9C 5C2E5861
  E5204CCF 83242FCF 188DB09D 23AD5B83 A87B2F9A 340B142F 305F0004 8B817EB3
  606ACA9B 09F5B2FF E2929FE9 EB086C34 CE565B26 5EF2EF46 2E679854 8E2685FA
  F37D380A 107AAC63 E5A1295D E850F7FA 7AD98FCF 344C1F39 4345B51C 80BEB51D
  4928C137 B926EE40 2B0F5B88 379C7C9F 257FD002 B23E7DA0
    quit
 certificate ca 01
  308201FF 30820168 A0030201 02020101 300D0609 2A864886 F70D0101 04050030
  13311130 0F060355 04031308 63616361 73746C65 301E170D 31343131 31313232
  30353337 5A170D31 37313131 30323230 3533375A 30133111 300F0603 55040313
  08636163 6173746C 6530819F 300D0609 2A864886 F70D0101 01050003 818D0030
  81890281 8100B47F DEA4D0A6 8A4D634C 2E91EEF3 AC42E02A 78E2251D 5944C25B
  5272DDE2 CFEF0F4E 3BB9862F 6E57E214 235CCFA7 032D47E9 0D7126BC CC3D1BF4
  205EEFDC 459DCF5B 4792429D 306BDD7A FC5B0F30 01AF72A1 F700942B 59AF88AD
  C22A4FE0 86910690 5B79DC8D 5D17BB22 874B2469 2131BD91 EABEBD5B
96BAC4A0
  057043E7 3BE90203 010001A3 63306130 0F060355 1D130101 FF040530 030101FF
  300E0603 551D0F01 01FF0404 03020186 301F0603 551D2304 18301680 1424E326
```

```
C0D30C4E 7101C62E C103CDDD 4D88BCEE 74301D06 03551D0E 04160414 24E326C0
D30C4E71 01C62EC1 03CDDD4D 88BCEE74 300D0609 2A864886 F70D0101 04050003
81810001 684E83E7 490F606D 3BB7BB14 102E87BE 82A41E17 48697057 822C15D9
1339B47D 104CF78E 45FE943F 7C74E927 960D7845 50CF4792 EE1F1AE7 49612DCC
D48A617D  D364CC92  720A6C31  35A6E1DC  03261981  4CABC6B3  402B0785
052DB91A
 338D7503  226D9516  BAB2AC64  AF6AB455  BA67AF16  487EE5C0  8862DA6D
C48DAF77 AF6F17
     quit
dot11 syslog
ip source-route
!
!
ip cef
ip domain name cybercastle.noip.me
ip name-server 80.58.61.250
ip name-server 80.58.61.254
!
no ipv6 cef
!
multilink bundle-name authenticated
!
vpdn enable
!
vpdn-group internet
 request-dialin
  protocol l2tp
!
license udi pid CISCO1841 sn FCZ1308109S
username guiller privilege 15 password 7 051B14002C4D5D1D1C17
!
redundancy
!
ip ssh version 2
!
interface FastEthernet0/0
 bandwidth 600
 no ip address
 duplex auto
 speed auto
```

```
 pppoe enable group global
 pppoe-client dial-pool-number 1
 no cdp enable
 !
interface FastEthernet0/1
 ip address 192.168.3.1 255.255.255.0
 ip nat inside
 ip virtual-reassembly in
 ip tcp adjust-mss 1412
 duplex auto
 speed auto
 !
interface Dialer1
 bandwidth 600
 ip address negotiated
 ip nat outside
 ip virtual-reassembly in
 encapsulation ppp
 dialer pool 1
 dialer-group 1
 ppp chap hostname usuario@domini
 ppp chap password 7 010303145E1B0E002F49
 no cdp enable
 !
ip local pool remo_pool 192.168.4.1 192.168.4.10
ip local pool admin_pool 192.168.5.1 192.168.5.10
no ip http secure-server
!
ip nat inside source list 101 interface Dialer1 overload
ip route 0.0.0.0 0.0.0.0 Dialer1
!
access-list 101 remark internet
access-list 101 deny   ip 192.168.0.0 0.0.7.255 192.168.0.0 0.0.15.255
access-list 101 permit ip 192.168.0.0 0.0.7.255 any
!
radius-server      host      192.168.3.3      auth-port      1812      key      7
113A180B0313050801380B1629373C37005F47
!
control-plane
!
```

```
line con 0
line aux 0
line vty 0 4
 exec-timeout 30 0
 transport input ssh
!
scheduler allocate 20000 1000
ntp server 46.17.142.10
ntp server 83.170.75.28
!
webvpn gateway sslvpn
 ip interface Dialer1 port 443
 ssl encryption aes-sha1
 ssl trustpoint cacastleb
 inservice
 !
webvpn install svc flash:/webvpn/anyconnect-win-2.5.3055-k9.pkg sequence 1
 !
webvpn install svc flash:/webvpn/anyconnect-macosx-i386-2.4.0202-k9.pkg sequence
2
 !
webvpn context libro
 title "Libro"
 color #0000ff
 secondary-color #ff0000
 title-color #800080
 text-color #FFFF00
 secondary-text-color #A52A2A
 ssl authenticate verify all
 !
 url-list "libro"
  heading "Prueba"
  url-text "Prueba 1" url-value "http://192.168.3.2"
 !
 login-message "Mensaje de logueo"
 !
 port-forward "Puertos del Libro"
  local-port 61000 remote-server "192.168.3.2" remote-port 22 description "Control
mediante SSH"
  local-port 62000 remote-server "192.168.3.3" remote-port 22 description "Asterisk"
```

```
  local-port   63000   remote-server   "192.168.3.55"   remote-port   22   description
"Asterisk2"
 !
 policy group pol_libro
  url-list "libro"
  port-forward "Puertos del Libro"
 default-group-policy pol_libro
 aaa authentication list auten_list
 gateway sslvpn virtual-host castleadmin.noip.me
 max-users 10
 inservice
 !
 !
```

Contexto de Administradores

```
webvpn context admin
 title "Cybercastle Network"
 login-photo file flash:/webvpn/pics/counter.jpg
 logo file flash:/webvpn/pics/castillo.jpg
 ssl authenticate verify all
 !
 url-list "home"
  heading "Servidores"
  url-text "Home Page" url-value "http://192.168.3.2"
  url-text "Asterisk" url-value "http://192.168.3.3"
 !
 login-message "Grupo de Administradores. Introducir Usuario y Password"
 !
 port-forward "port_admin"
  local-port   61000   remote-server   "192.168.3.2"   remote-port   22   description   "SSH
CCastleServer"
  local-port   62000   remote-server   "192.168.3.3"   remote-port   22   description   "SSH
Asterisk"
 !
 policy group pol_admin
  url-list "home"
  port-forward "port_admin"
 !
```

A esta política de grupo solo accedería el usuario Admin. Esto se debe a que en la configuración del servidor RADIUS, al autenticar a este usuario, le devuelve al router la política de grupo a la que pertenece, en este caso "root"

```
policy group root
 url-list "home"
 port-forward "port_admin"
 functions svc-enabled
 svc address-pool "admin_pool" netmask 255.255.255.0
 svc keepalive 10
 svc split include 192.168.0.0 255.255.240.0
 svc dns-server primary 80.58.61.250
 svc dns-server secondary 80.58.61.254
```

Con esta línea hacemos que cualquiera que se conecte a este contexto "Admin" (se requiere certificado válido) y no especifique una "policy-group", usará las opciones definidas en el "policy-group" pol_admin.

```
 default-group-policy pol_admin
 aaa authentication list auten_list
 gateway sslvpn domain admin
```

Especificamos que se requiere certificado para conectarse a este contexto.

```
 authentication certificate aaa
```

Este es el mapa de certificado que valida el campo OU de estos certificados para dirigirles a este contexto o no.

```
 match-certificate admin_map
```

Los certificados, para ser válidos, han tenido que ser emitidos por el CA "cacastleb"

```
 ca trustpoint cacastleb
 inservice
 !
 !
```

Para acceder a este contexto se necesita certificado también. Todos los usuarios que entren en este contexto usarían las opciones configuradas en la "policy-group" pol_basico

```
webvpn context basico
title "Cybercastle Network"
login-photo file flash:/webvpn/pics/counter.jpg
logo file flash:/webvpn/pics/castillo.jpg
ssl authenticate verify all
 !
login-message "Introduzca su usuario y password"
 !
policy group pol_basico
 functions svc-enabled
 svc address-pool "remo_pool" netmask 255.255.255.0
 svc split include 192.168.3.0 255.255.255.252
```

```
  svc dns-server primary 80.58.61.250
  svc dns-server secondary 80.58.61.254
 default-group-policy pol_basico
 aaa authentication list auten_list
 gateway sslvpn domain basico
 max-users 10
 authentication certificate aaa
```

El certificate map "básico_map" da por válidas las conexiones que usen un certificado cuyo campo OU sea distinto a Admin.

```
 match-certificate basico_map
 ca trustpoint cacastleb
 inservice
 !
 end
```

FIN

FDO: Guillermo Marqués

www.ingramcontent.com/pod-product-compliance
Lightning Source LLC
Chambersburg PA
CBHW041147050326
40689CB00001B/525